Nelson Carrasco

Sueños y Rebeliones

Nelson Carrasco

Sueños y Rebeliones

Chile insurgente

JustFiction Edition

Imprint

Cover image: www.ingimage.com

Publisher:
JustFiction! Edition
is a trademark of
Dodo Books Indian Ocean Ltd., member of the OmniScriptum S.R.L Publishing group
str. A.Russo 15, of. 61, Chisinau-2068, Republic of Moldova Europe
Printed at: see last page
ISBN: 978-620-3-57538-5

SUEÑOS Y REBELIONES
NELSON CARRASCO

MARZO 2021

SUEÑOS Y REBELIONES
NELSON CARRASCO

Registro Nacional de Propiedad Intelectual: 2021-A-878

Edición: Nelson O. Carrasco Santana

CHILE

MARZO 2021

En memoria de mis padres

Malfa Santana Ruiz

René Carrasco Veloso

EXTRAVÍO

Recuerdo a Baudelaire
diciendo “víboras pisan mis talones”
la oscuridad atacó
a sus enemigos del pueblo.

A la memoria combativa
de Camilo Torres,
monseñor Romero,
a quienes lucharon junto al pueblo,
las botas rastreras,
bayonetas y culatas
disfrazadas en el tiempo,
usan métodos más certeros.

El pueblo intransigente,
no reconoce su medida
y en su silencio incólume
se desmembra
han olvidado el ejemplo de Guevara
y nadie cuestiona su soledad en la Higuera,
los cálculos misérrimos
de diputados y senadores, son una burla,
a la necesidad del pueblo

No sabemos sí nuevos guerreros,

acompañaran al pueblo;

un desastre nuevo se aproxima
y la ingenuidad
sigue extraviada, sin balas ni fusiles.

TRAICIONADOS Y DORMIDOS

Se caen mascaradas,
el pueblo insomne
relega el porvenir,
plácidos espectadores del circo.

Siguen en sus nidos
contrapuestos,
a los significantes reales.

Han sido nucleados,
por el postmodernismo,
sus cabezas parceladas,
siguen a una tribu u otra.

Embarcados, enajenados
sin horizontes,
han sacrificado sangre del pueblo
aplaudiendo como antes;
dónde quedará este pueblo?
soñando sueños
de parcelas separadas.

Ya ha ganado el enemigo,
ha vencido el burgués medio y simple,
el del centro, esposa hijos y trajes.

Los arcanos guerreros
no conocen su destino, como antes,
¡hombre construye el porvenir!
rompiendo tus hipnosis permanentes.

Transforma al murciélago en águila,
y al buey en león.

BARRO Y FUSIL

Te hiciste arcilla barro y fusil,
humanos recorrerán la tierra,
y tu amor sigue presente.

Yo no olvido a los consecuentes,
pero más cerca en el corazón,
tu recuerdo sigue como un nido
en el clamor.

Seguiremos mostrando los presentes,
seguirán mis brazos de niño
recordando tu cariño.

Pero la furia no olvida, al enemigo,
y el clamor de la tierra
algún día levantará,
al pueblo y sus fusiles.

VIENTO EN LA LLUVIA

Cúando el viento limpiará la lluvia?
la tranquilidad está presente,
pero recuerdos
inquietan mi alma.

Yo no he traicionado
las memorias,
he sido leal,
con los que dieron,
su afecto, a sus hijos
indefensos.

CABELLO AL VIENTO

La luz diamantina
hizo un aliento de brisa,
en tu pelo.

Claro que son recuerdos,
pero no es de ello ,
que crea el poeta?

En las imágenes procesadas
por la nostalgia,
y el recuerdo.

Siempre presente,
siempre tu brillo,
pelo trigo
rizando el viento.

ESPACIO TIEMPO

Espacio vacío
a momentos, una diáfana sombra,
envuelve al asecho.

Los lugares comunes
se han convertido en trampas,
o en algo parecido,
sólo el sonido, de mi maquina
de escribir
me siente más vivo.

Estoy tratando de recorrer
algunos puntos de descanso,
en el camino.

Pero el camino sigue,
y por un momento dejaré
de escribir,
de sentir el tecleo de mi máquina,
y fumaré un cigarrito casero,
y miraré TV.

SUEÑOS

Dónde transita nuestro pueblo,
desmembrado en cúmulos inconexos,
la mente y sus hombres
fueron rotos en códigos binarios.

Tácitos mandatos, repiten los medios,
ya hay capas subalternas,
al poder de los señores.

Los discursos ya no encienden corazones,
sólo un crepúsculo del pueblo,
mantiene libertarias posiciones.

Del crepúsculo al día ya distante,
la distancia se acorta a paso lento,
la lucha interminable, de cada protesta
avanza a milímetro ya dispuesto.

Qué recursos son necesarios
para el sueño de los pueblos?
la luz de sus puños encendidos,
ya no toca a golondrinas ni a ruiseñores.

Los cantos primerizos de alboradas
de esquinas sin rincones,
son nuestra sombra de esperanzas,
sofocadas por los cuervos,
que sofocan rebeliones.

Guevara retumba permanente,
en las manos de los pobres,
su América Latina, recuerda
sus infinitos pasos, por los ríos
y los montes.

Desde la Higuera
su valentía, mantiene sueños
sin tiempos ni relojes.

Cada sangre derramada
es la siembra de los hombres,
y su ícono es pradera,
de miles y millones;
pero la tierra sigue a oscuras,
buscando el camino
que resucite su nombre.

Cristales incrustados,
en la mente de los hombres,
ponen mil barreras
a sueños y rebeliones.

REBELDE

Sigue en el zenit Orión,
y la metáfora celeste,
no alcanza a la confusión del hombre.

Con sol o luna
el sonido de metales,
suena a amenaza permanente;
lo cómodo por un momento, debe suspenderse
como neblina temblorosa y terrible.

Pero el hombre alza su puño
como símbolo indeleble,
de una historia rebelde.

EL PUEBLO SE LEVANTA

Sigue un horizonte opaco
despilfarrando grises sin horizontes,
los náufragos nadan,
a lo lejos,
sólo se ve,
la luz de algo terrestre.

Digámosle al filo de una navaja
digámosle al hilo de una bala,
que se levanten las banderas
teñidas de grito y sangre.

Abriremos cada escondrijo,
rebuscaremos en fierros y panfletos,
que pisarán nuevamente nuestros pasos
en rincones insaciables.

Porque la bandera no ha muerto,
porque su flamear sigue fuerte,
los pasos del pueblo se atrincheran
con esperanzas feroces,
con un cabalgar
de caballos y jinetes,
el pueblo se levanta,
porque ya no acepta
ni esclavitud, ni muerte.

ESPOLONES

Siguen espolones de furias y hienas
socavando el Orbe
su Matrix nefasta,
sus ruidos en paz,
sus dormiditos de cerveza
y asados, de un peloteo repugnante.

Al día mueren miles de niños,
y la neurona del dormido,
sólo acata el orden.

Acomodaticios pasos los relajan,
expulsan u semen a un útero sin nombre;
sobre la tierra los secretos, de los despiertos
ocultan sus pasos, para guiar al hombre.

Más transeúntes y autos,
más placidez de media tarde,
la Matrix sigue acorralando al hombre,
y en la tele sus putas juguetean con el hombre.

El esoterismo tiene su curso,
y en el oscuro secreto de la noche,
detrás de cada siglo
libertarios corrigen los errores.

VIET NAM

Siempre tan presente
parece que Cuba te reulle,
hay libertades en tus juncos
tus tráficos, tus calles

Tu sangre se fue a la tierra
de combatientes inmortales,
el delta fue bandera a medias,
de los que invaden e invaden
los rincones. Tus hombres
más fuertes,
derrotaron a la casa de escorpiones

A la distancia,
siento siempre tu sangre;
caída en la tierra
floreció de parajes libres.

Los lotos, los manglares,
luces titilantes,
afanisan en tus aguas
granos de arroces excitantes.

El viento sopla acordes de bambúes,
son los espíritus, de la patria,
que costó la vida de tantas mujeres y hombres.

Tanta noche fue fuerza y coraje,
su semilla fue tierra fértil
de libertad y coraje.

LA SQUARE

Sigue tan tersa
como antes,
quizás es la de Margarite Duras,
el soliloquio de un instante
de un poeta.

Por qué todos estos ángeles
vestidos de trabajo y simplicidad
son buenos?

Son como la resaca,
de bohemia capitalista,
con paseantes
que buscan y tienen,
su caleidoscopio de valores,
extravió horizontes y miseria.

El que pudo pudo,
el que pateo al otro
con esmero o sin esmero,
el que se subió
al carnaval del éxito.

Y pasó a su espalda
un escobillón,
para no dejar huellas.

El que murmuro
a los pueblos
una despedida simple,
sabiendo que su distancia de los pobres,
era infinita.

BAMBÚ

Bambú de limpia hoja
de humedad recién hecha,
las terrazas del arrozal
se alzan arriba.

Tus hábitos en lánguidas planicies
en caricias de piel
de mi amante del oriente cerca.

Yo he surcado al Delta
sabor a sangre de historia,
con heroísmo ya resuelto.
Sigue el Viet Kong
con sabor a patria y dignidad,
ya resuelta,

Ho Chi Minh
expulsó a invasores,
de manos negras.

Así el bambú sigue, silbando al viento,
la paz profunda
de un llanto sin miseria.

Los hijos de la patria
dejaron sus huellas,
en la tierra.

Pero hijos nuevos
crecen en libres silbidos
de un alma de bambú,
para recordar
y esperanzar sin miseria.

Verde y gigante
amante de suaves caricias,
libra en lo alto
ese sabor a cielo,
ese sabor a oriente,
Saigón ha declarado
a sus verdes tierras.

Sigue China
sigue oriente
con perfumes suaves,
con mujeres desnudas
aperfumadas con música,
con grano.
con humedad,
con pelo suave,
y el bambú nota de música
acompasa a oriente entera.

Y los cuerpos de mujer
arrullan hijos con cuentos
de gigantes salidos de la tierra.

El bambú sigue presente,
sigue Shanghái,
sigue en el Delta
sigue y sigue
acompañando a oriente,
retando a ese occidente combustible,
miserable disarmónico,
de pernitos y ruedas.

Y aquí el bambú
es un gigante que camina
con música,
suave resuelta.

Cuerpos desnudos, de oriente
semejan al sexo,
a cópula
de grano y tierra,
de arroz y bambú.

Los ojos de Oriente,
son sólo brisa suave
de corazones sin miseria.

CIELO

Cabalgata inocente,
inocente tranquilidad
de gaviotas.

Ida a mundos lejanos
la brisa suave,
hace girasoles en tu mente
y suaves manos,
tocan distancias infinitas.

Ya sé que cristales
giran en tu mente,
acarician una melena suave

de esos pasaportes,
que giran en ruedas invisibles,
de esa mezcla
niña mujer.

Y sientes que tus ojos
traspasan horizontes,
y la distancia,
acerca brisas frescas,
de tu primer amante.

Los cielos galopan cruzadas,
en la paz de tus rincones,
y fresca al viento,
una brisa
besa tus manos,
y tus ojos silenciosos
sueñan un beso
quieto y refrescante.

DE HIERBAS Y PUPILAS

Las hierbas señalan
con su tiempo,
a luces y soles primaverales
tu labio te hace a la palabra.

El rose del viento
despliega suaves velos,
que encadenan tu tibio pelo.

Y mi pupila besa
tu labio fresco,
tu humedad
de lagos cristalinos,
recuerda al Sena
y su andar de balsas
Europa ha quedado lejos,
pero tu pupila, ha renacido,
en un nuevo vientre
de la bella Francia.

OTOÑO

Recorridos de otoños
están presentes en mis pasos,
con un crepitar, que en su finura
se suma a una brisa fértil.

Ya he dibujado crepúsculos y brisas otoñales
pero hay más, siempre más,
pasos y crujientes hojas,
que recuerdan, tantas bellas artes,
ha salido el sol a nocturnos ojos,
taciturnos, apacibles.

Mis ojos crujen, con pies y ramajes
y el arquetipo de troncos y árboles,
esqueléticos a un sol titilante,
muestran ramajes, que son brazos
de medianos monstruos agradables.

Caminan en hileras delirantes,
son nuestros superiores, inquietantes,
de suerte nos cobijan
con sombras bamboleantes.

El sol los atraviesa
en anaranjados reflejos de la tarde,
pero su ramaje baila
en danzas insondables.

Nuestros ojos no perturban
su aleteo de dioses terrenales,
muestro frenesí es diminuto
ante universos concordantes,
y un crujido y otro
de humanos desplazantes,
rompe hojas en los parques,
se conjugan con los pasos
de éstos monstruos delirantes.

CLAVECÍN

Clavecines suenan como escarcha rota,
en la confusión, sin mi arte
el mundo siempre gira y pide más,
como en un compás de espera,
pero sin claridades meridianas
asistimos a la destrucción de ladrillos,
de un albañil, sin planos ni esqueletos urbanos.

Son así estos días, de escarcha fría
una sonata de música, los ritmos
parecen reales, pero un clavecín de un nocturno
en que sólo imágenes del pasado
parecen sabias y melancólicas.

ENNIO

Como hiedra ramal, se extendió tu vida,
cercana al paso, a la mesura del pensar,
hoy la hiedra y tus palabras son una,
has dejado aquí a tus discípulos,
estrellas planetarias, que veras ya distante
como sirios del desierto.

El rubor infantil acurruco tus palabras
también el temblor de lo terrible,
altivas, siempre fueron tus palabras
frente a la desolación del hombre,
pero el niño, eterno, tuyo dibujó con cada palabra,
paletas, fiestas y globos
y atardeceres de un, niño-hombre.

ESCARLATA Y LUCERO

E una noche cualquiera,
en el ritual continuo
de amor,
floreció Lucero,
y su seno tibio.

Y su vientre se ha inflamado,
y otros sacudones han vuelto,
con piececitos de niño.
un día, de luna, arreboles y puerto,
su vientre florecía.

Otro niño nacía,
de Escarlata y Lucero,
otro niño
que llevaría, las banderas del Pueblo.

J' AI PERDU

J' ai perdu
las notas, de mi exilio helado.
dónde explico, el porvenir
con utopías rotas,
dónde el Sena
olvida la sangre derramada.

Ya entró en mi pupila,
el cristal de aventuras, sosegadas
y respiro
dónde estarán las calles,
de un Santiago relegado.

Su atención: discúlpenme!
esquinas sin rincones
amenazan a mi patria, adulterada.

El fusil ha derrotado a la palabras,
de las calles heredadas,
Allende, dejó una imagen
combatiendo
que no olvidan, las miradas.

Estoy desolado
mis amigos están muertos,
me niego a pensar
que existan, en mí
alivios de esperanzas.

Una luz de descanso, me arrimó
en las calles, de Francia:
yo no olvido, tus ojos esmeraldas,
y las noticas, desconciertan esperanzas.

Deja que recorra el Sena,
Agotando noticias que no avanzan,
deja pisar hojas, ver la floresta
agotando las nostalgias.

Luces entran en callejas y ventanas,
cuando libraremos, las miradas esperadas?
Allende, sigue disparando
por su patria
en su ventana.

Y nuestro lecho, dista
una esquizofrenia, de nostalgia,
Octubre, no termina
y aquí en Paris,
de ti, no se sabe nada.

Algunos, dicen que has resistido,
otros
dicen, que tu muerte ha sido la esperanza,
otros hablan,
de Argentina,
otros
de la Habana.

HIPÓCRITAS

Raudo, raudo
va entre los hombres
su espada de tormento,
su codicia, su esperanza,
de hoja acerada, de malicia.

Raudo va entre los hombres
su mundo banal,
sus bajas codicias
sus bajas venganzas,
su muleta y su traición.

Te espera algún día, en un amigo
en un extraño, de aparente sonrisa,
son sus manos, pétalos fugaces,
y su corazón puñal escondido al sol.

Su andar es taciturno
su esperanza, un colmillo al sol,
sus palabras vómitos hipócritas,
su coraza
dientes de tiburón.

Déjalos en la niebla de su destino,
déjalos en penumbra
en la soledad de sus conquistas,
en la hiel de su quemazón.

OLVIDAR

¡Olvidar canto a los ángeles, sus recursos!
tambores arrebataron al tiempo,
sus diamantes y diademas
los tornasoles del sol.

La anchura del puñal inmóvil, rompió su figura,
y la libertad de su espíritu
liberó a su cuerpo,
ya no existen las cárceles de España
ya no existen las prisiones, de este mundo.

Puñales estelares marcaron la ruta
por dónde el pasado existió,
y los fantasmas locos, de escenarios cautivos,
se esfumaron al alba,
ya no existió la rutina de la palabra esclava
del sí ¿Tu hubieras…hecho…?

Volaron libres las palabras
ya no existía el círculo
de estar cautivo y recordar:
sólo los cautivos recuerdan.

ÍNDICE

Nelson Carrasco nace en Punta Arenas en 1961, este es su cuarto libro claramente casado con un lenguaje pre-moderno con un escribir más nítido que retoma cantares, sonetos, elegías u odas; con su tronco literario se acerca a lo metafórico incorporando más narración que metáfora no dejando de lado el sentimiento.

Tres obras anteriores son "Cantar y Libertades", "Humedal" y "Pathos", este es su cuarto libro que continúa su modesto trabajo.

La universidad lo ingresará al convulsionado mundo que se vive de oposición a la dictadura de Augusto Pinochet, participa en la reactivación del movimiento estudiantil en los años ochenta en la Universidad Católica de Valparaíso.

Con la vuelta a esta democracia, protegida, se titula en los inicios de los noventas, como Profesor de Educación Diferencial Especialista en Trastornos de Aprendizaje, en la Universidad Católica de Valparaíso

Desarrolla una vasta cantidad de actividades para lograr cambios en el área de psicopedagogía entre los cuales se encuentran cátedras en universidades y proyectos destinados a ampliar el campo de acción de los psicopedagogos.

En los noventa entra en contacto con los proyectos de la Universidad Diego Portales en el área de Comunicación y educación: Diplomándose en dicha área

para luego titularse en dicha mención y ser becado para estudiar el Magister en Comunicación, del cual es egresado, En estos estudios desarrolla ensayos para profesores conocidos a nivel internacional.

PALABRAS DEL AUTOR

Se puede iniciar una serie de preguntas relacionadas, con el título, de este libro?
Por qué la madre de Aquiles dice:
si combates en Troya, vas a morir, sin embargo,
tu nombre, será recordado por miles de años,
y aún leemos"La Ilíada".
Qué lleva a un guerrero como Aquiles a dejar su vida, y hacer nacer su propia leyenda. Incas, mayas y aztecas, hacen sacrificios a sus dioses y Neruda Escribe "... Afilad los cuchillos que guardasteis. Ponedlos en mi pecho y en mi mano
Como un río de rayos amarillos"
Por qué Barrabas, pide a Jesús, encabezar la rebelión en contra del Imperio Romano; Espartaco se rebelará en contra de Roma; Aníbal, cruza los Alpes .

Habría que escribir hojas y hojas de rebeliones y la leyenda de su héroes y heroinas, como "Las trece rosas rojas".

En la ONU:

"Yasser Arafat dirá "...soy un luchador...
en ésta mano tengo un ramo de olivos... y en esta otra mano tengo un fusil ¡ no dejen que suelte el ramo de olivos!"

Nuestros ejemplos son tan cercanos, que tumbas y fusiles no alcanzan para rendir honores; en una historia más reciente, para Allende, Miguel, Tamara, Raúl, Bauchi y miles de miles más. Y nuestras cárceles, actualmente están abarrotadas
de presos, "sueños y rebeliones".

Printed by Books on Demand GmbH, Norderstedt / Germany